Radamel Falcao

¡A la Cumbre!

2012: Recibe el premio A Bola de Oro, el 6 de febrero

Se convierte en el jugador colombiano mejor cotizado de la historia, cuando es comprado por el Atlético Madrid, el 18 de agosto.

Sale campeón de la Copa UEFA 2010-2011.

Marca su primer doblete con la Selección Colombia, en la Copa América, el 10 de julio.

2009: Gana la Copa Portugal 2008-2009 con el Porto FC.

2008: Sale campeón con River Plate en el Torneo Clausura, el 8 de junio.

2007: Comienza a jugar en la Selección Colombia.

Hace su primer triplete como profesional en River, contra Botafogo, el 28 de septiembre.

2006: Lesiones deportivas lo dejan fuera de juego durante gran parte del año.

2005: Gana el Campeonato Sudamericano Sub-20, con el equipo colombiano, en febrero.

Debuta en la Primera División de River Plate en el Campeonato Clausura, el 6 de marzo.

1999: Debuta oficialmente en el Lanceros, el 28 de agosto.

1986: Nace Radamel Falcao García, el 10 de febrero.

Ficha personal

Nombre: Radamel Falcao García

Apodos: El Tigre

Lugar de nacimiento: Santa Marta, Colombia

Cumpleaños: 10 de febrero

Signo: Acuario

Altura: 1.78 metros

Twitter: @falcao

Posición: Delantero

Clubes en los que jugó: Fair Play, Lanceros, River Plate, Porto FC, y Atlético Madrid

Camiseta actual: No. 9 del Atlético Madrid

Récords:

- Máximo goleador de la historia en la Copa UEFA
- 44 goles en 110 juegos en River Plate
- 72 goles en 84 partidos en Porto FC
- 17 goles en 26 partidos, en el Atlético Madrid

ISBN-13: 978-1-4222-2600-1 (hc) — 978-1-4222-9143-6 (ebook)

Impresión (último dígito) 9 8 7 6 5 4 3 2 1
Impreso y encuadernado en los Estados Unidos.
CPSIA Información de cumplimiento: lote S2013.
Para más información, comuníquese con Mason Crest a 1-866-627-2665.

Acerca de los Autores: Elizabeth Levy Sad. Es editora y periodista. Ha publicado artículos en Página/12, revista Veintitrés, Toward Freedom, Tourist Travel, In-Lan, Men's Life Today y Cuadernos para el Diálogo, entre otros medios. Trabaja como editora para iVillage (NBC). Colabora en la revista Más Salud.

Esteban Eliaszevich. Editor y periodista. Especializado en turismo, viajó por más de 40 países de África, América, Asia y Europa. Fue editor del Suplemento de Turismo del periódico Country Herald. Colabora en las revistas Galerías y Go Travel & Living.

Créditos de las fotos: EFE: 10; EFE/Domenech Castello: 7; EFE/Mauricio Dueñas: 4; EFE/Leo La Valle: 14; EFE/Hector Rio: 1; EFE/STR: 21; Eduardo Munoz/Reuters /Landov: 18; sportgraphic/Shutterstock.com: 2, 12, 22, 25, 26, 27.

CONTENIDO

Huella de un "Tigre" en Europa

A LOS 14 AÑOS, RADAMEL FALCAO GARCÍA EMIGRÓ DE SU PAÍS y se instaló a miles de kilómetros de sus seres queridos. Se fue para hacer realidad un sueño: ser futbolista. Lejos de casa, pasó momentos muy duros. Pero gracias a su sacrificio, una década después, se consagró como máximo goleador en la historia de la Copa UEFA.

En julio de 2009 Falcao arribó a Oporto, que es la ciudad más importante de Portugal después de Lisboa. Allí lo estaban esperando para defender los colores del Porto Fútbol Club, el equipo conocido popularmente como los Dragones Azules. Pero su misión no era para nada sencilla. Lo habían contratado para poder pasar al olvido de la memoria colectiva a uno de los grandes goleadores del equipo: el argentino Lisandro López (que había abandonado las filas de ese club tras ser vendido al multicampeón francés Olympique de Lyon).

Falcao, desde muy joven, ya era un jugador medianamente reconocido en Sudamérica; y la aventura de trasladarse para ir a vivir a Europa significaba un salto de calidad en su carrera, así como también un enorme desafío. Pero la excelente oferta económica que le habían hecho, también le agregaba un toque de emoción y mucha responsabilidad a la movida: a cambio de 5.5 millones de euros pasó a engrosar las filas del Porto FC, un equipo prestigioso, exitoso, acostumbrado a ganar títulos y copas internacionales.

Un "Tigre" enamora Dragones

A pesar de las condiciones económicas privilegiadas de muchos deportistas, no todos logran adaptarse con facilidad a la vida en otros países, al cambio de costumbres, a hablar en otro idioma, a estar lejos del mundo de sus afectos. Pero seguramente, su espíritu nómade y su personalidad disciplinada jugaron a su favor, ya que desde muy joven se vio obligado a adaptarse a otros ambientes. Falcao se acomodó rápidamente a su nuevo hábitat y le sentó bien de inmediato la hermosa ciudad de Oporto, situada en el norte del Portugal, a orillas del Río Duero.

Ya instalado allí, su meta era muy clara: marcar época en Porto. Y vaya si lo consiguió. En cuanto se calzó los colores de la camiseta azul y blanca sobre la piel, Falcao ganó la Copa de Portugal (edición 2008-2009) y comenzó a hacer lo que mejor sabe: goles memorables. El primero de ellos lo anotó frente al equipo Pacos de Ferreira, el 16 de agosto de 2009. Y desde entonces, no paró más...

En su primera temporada, la 2009-2010, hizo 36 goles en 42 partidos. 25 fueron por la Liga de Portugal, 6 por Copa de Portugal, 4 en Champions League y uno en la Supercopa de Portugal ante el archirival de la capital portuguesa: Benfica. Sus tantos colaboraron para que el equipo se coronara campeón de la Copa de Portugal y la Supercopa. La segunda temporada, 2010-2011, superó su propia marca: 39 tantos. Esta campaña fue excelente a nivel colectivo e individual, ya que Porto FC conquistó 4 torneos: la Liga de Portugal, la Copa de Portugal, la UEFA, y la Supercopa. En el torneo continental, el "Tigre" tocó el cielo con las manos.

Largo viaje a la cima

Desde muy pequeño, Radamel Falcao García tuvo en claro sus objetivos. Así fue

Radamel Falcao García compartió sus días en Porto FC con otros dos jugadores colombianos: Freddy Guarín y James Rodríguez. Con ambos los hermana un pasado similar, ya que los tres compatriotas se desempeñaron durante su juventud en la Liga Argentina. Falcao jugó para el club River Plate, Guarín en Boca Juniors, y Rodríguez lo hizo en Banfield. Curiosamente, cada uno de ellos salió campeón del exigente torneo argentino: Falcao en 2008, Freddy en 2006 y James en 2009. Juntos repitieron la sana costumbre de ganar en el fútbol portugués, vistiendo los colores del Porto FC. Tres deportistas con un pasado en común y un presente formidable, que han dejado bien en alto los colores de Colombia.

que trascendió las fronteras de su país, luego las de Sudamérica, y después las de Europa, para llegar a ser una estrella del fútbol mundial.

Consagrarse en este lugar no le fue fácil.

Tal como él mismo comentó, en la infancia, mientras los niños de su edad miraban dibujitos animados, su padre lo obligaba a abandonar el ocio, para entrenar y perfeccionar la técnica. En la adolescencia, mientras sus amigos disfrutaban de ir a bailar, de acostarse tarde y se zambullían en sus primeras historias románticas, Falcao entrenaba a sol y

El detalle

Radamel Falcao García fue el primer jugador en la historia de la Copa UEFA en marcar 3 hat trick en una misma temporada.

sombra. Estaba seguro de sus convicciones y sabía qué camino tomar, aunque perdiese etapas de su vida que ya nunca volverían. Como para todo deportista sacrificado, el precio era alto; pero él sabía que la recompensa sería enorme.

Falcao y sus compañeros de equipo del FC Porto celebrar una victoria en el 2011 UEFA Europa League. En la final, el delantero colombiano marcó el único gol en la victoria por 1-0 sobre Braga.

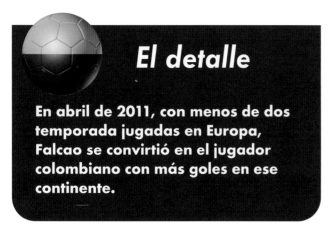

Atrás había quedado Buenos Aires, la capital de Argentina, que lo había recibido de adolescente, y lo despedía siendo un hombre, y con más hambre de gloria.

Una noche mágica en Dublín

La Copa UEFA (un torneo internacional del Viejo Continente, el que le sigue en importancia a la Champions League), fue glorioso para Radamel Falcao García, tanto por el título como por los goles que concretó.

El primero lo marcó en la etapa pre-clasificatoria. Luego, se destapó con 17 tantos en la competición, incluyendo uno en la gran final. Sobresalieron sus actuaciones contra el Spartak de Moscú y el Rapid Viena: le anotó 3 tantos a cada conjunto. Pero eso no fue todo. En el Estadio Do Dragao, donde Porto FC hace de local, Falcao maravilló a todos en el cotejo semifinal ante el Villareal de España, cuando marcó 4 goles en el segundo tiempo, que contribuyeron para que el equipo gane por un contundente por 5 a 1, resultado que remontó tras comenzar perdiendo en la primera etapa.

Como broche de oro, llegó la jugada final en el Estadio Aviva de Dublín, contra otro equipo portugués: el Sporting Braga. Pese a que la altura de Falcao no es de las más prominentes, ya que mide 1,78 m., este colombiano de raza siempre se destacó por el juego aéreo; y así, de cabeza, fue como marcó el único gol del encuentro, el que coronó campeón al Porto.

Con 4 títulos en el bolsillo, y 17 goles en la UEFA, Falcao declaraba emocionado ante las cámaras de la TV portuguesas: "Estamos muy contentos, el equipo soñó con esta temporada".

Con sus números, fue la gran figura del torneo y se convirtió en el máximo anotador de la historia en Copa UEFA superando al astro alemán Jürgen Klinsmann.

Finalmente el "Tigre" había dejado su huella en Porto, marcando una época. Pero quiso ir por más.

Los primeros pasos

Una familia detrás de una pelota

LLEGAR A LA CÚSPIDE DEL FÚTBOL MUNDIAL no fue sencillo para Falcao. La destreza, la disciplina, la habilidad, la garra y el talento, los conquistó con arduo trabajo y esfuerzo absoluto. Parte de su infancia y su adolescencia fueron sacrificadas tras un sueño profesional. Su padre futbolista, sin dudas, fue el gran mentor de la estrella colombiana.

Un 10 de febrero de 1986, en la bellísima ciudad de Santa Marta, en Colombia, nacía el primer hijo del matrimonio compuesto por Carmenza Zárate y Radamel García King. Radamel padre decidió ponerle a su primogénito Falcao de segundo nombre, en honor a un exquisito volante brasilero, por quien sentía una profunda admiración futbolística: Paulo Roberto Falcao.

Vale aclarar que Radamel García King también fue futbolista profesional.

Defensor central, para más datos. En su país se desempeñó en Unión Magdalena, Independiente Santa Fe y Deportes Tolima. También había jugado en Venezuela, defendiendo los colores del Deportivo Táchira. El pequeño Falcao creció en un ambiente a puro fútbol, y su familia se mudaba muy a menudo siguiendo el derrotero de la carrera futbolística del papá.

Radamel padre quería que su hijo sintiera el fútbol en sus venas desde

Carlos "El Pibe" Valderrama, uno de los héroes de la infancia de Falcao.

pequeño, y por eso lo hacía entrar como mascota del equipo de la ciudad donde había nacido, el Unión Magdalena.

Pese a respirar el fútbol desde pequeño, Falcao también abrazó por unos años el béisbol, un deporte que había comenzado a jugar en Venezuela, cuando su padre defendía los colores del Táchira. En un reportaje confesó: "Integré la selección del estado de Mérida. Empecé como short stop y luego jugué de pitcher, pero hice bien en elegir el fútbol". En Venezuela, guiado por su madre, Falcao empezó a revelar sus dotes como goleador: lo que siempre había querido su padre para él.

Educando a un crack

El "Tigre" nació a orillas del Caribe; sin embargo, vivió muy poco tiempo en su ciudad natal, porque a su padre lo trasladaban con frecuencia por razones profesionales. La familia contaba por entonces con dos nuevas integrantes: Melanie y Michelle. Por aquellos años, cuando el padre transitaba la última etapa de su carrera, quería que su hijo se convirtiera en su sucesor, para continuar la dinastía familiar en el mundo del fútbol. Y para que ello suceda, comenzó a aplicar una severa estrategia. Fue su guía y su gran consejero, pero también, limitó sus horas de juego, y lo alejó prematuramente del reino de la infancia.

La madre de Falcao contó alguna vez: "Mi marido le enseñó la disciplina desde chiquitico. Falcao tuvo muchas privaciones de niño porque tenía la responsabilidad del entrenamiento. Le exigía mucho". Como futbolista experimentado, el padre le demandaba al hijo todo su esfuerzo para que sea el mejor. En una entrevista, contó: "Yo le hice saber desde bien chico que la noche y los amigotes no lo iban a ayudar en su formación deportiva. Siempre le hablé

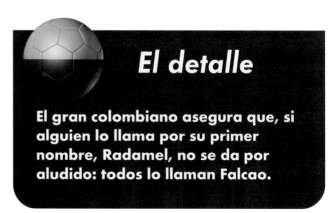

El detalle

El gran colombiano asegura que, si alguien lo llama por su primer nombre, Radamel, no se da por aludido: todos lo llaman Falcao.

de la disciplina, el sacrificio y la constancia en su trabajo para que sea alguien en el fútbol".

Cuando Falcao tenía tan sólo 3 años, el padre ya intentaba mejorar sus condiciones en los entrenamientos que le hacía realizar en las canchas del barrio Mamatoco. Y parece que definitivamente, allí el delantero samario (como llaman a los nacidos en Santa Marta), comenzó a forjar su destino.

Cuando la familia se afincó definitivamente en Colombia, en la ciudad de Bogotá más precisamente, la carrera de Falcao empezó a tomar forma.

Profesional a los 13 años

Para llegar a ser quién es hoy, Falcao realizó un gran sacrificio en su vida personal; tuvo que prescindir de esa dosis de juego y recreación que merece todo niño para crecer. Alguna vez confesó: "Por el fútbol yo perdí mi infancia y mi adolescencia, pero siempre tuve la convicción de ser alguien en este deporte". Y así fue.

Silvano Espíndola, ex jugador de fútbol argentino radicado en Colombia, descubridor de talentos, fue quien hizo más futbolista al "Tigre". La institución que el argentino dirigía, Fair Play, tenía nexos con Lanceros de Boyacá, (un equipo que militaba en la segunda división colombiana y donde debutó Falcao con apenas 13 años). El 28 de agosto de 1999 jugó su primer partido oficial. Falcao lleva a Fair Play en su corazón, y alguna vez dijo que allí pasó los 4 años más hermosos de su vida.

Por aquellos días, amanecía bien temprano para ir al colegio y luego viajaba casi una hora para entrenarse en el arte de

El club Deportivo Fair Play inició sus actividades en 1993, de la mano de Silvano Espíndola y el Profesor Guillermo Villareal, quienes no estaban de acuerdo con la formación personal ni profesional que se les impartía a los futbolistas de aquel momento. Así fue que crearon esta institución sin fines del lucro, constituida con el fin de fomentar y patrocinar la práctica del deporte, la recreación y el aprovechamiento del tiempo libre, con el objeto de fomentar el desarrollo integral de niños y jóvenes. En el año 1994, Fair Play se inscribió en la liga de fútbol de Bogotá y obtuvo el campeonato de la categoría pre-juvenil. Tres años más tarde, el club logró un título internacional en Europa, el primero para Colombia, y luego incursionó en la 3º y 2º categoría del fútbol colombiano donde se mantuvo por 4 años. Fruto de esta iniciativa que puso los valores deportivos y humanos por encima de todo, este club fue un semillero de grandes: de allí surgieron valores como Radamel Falcao García, Juan Toja y Jorge Herrera, entre otros.

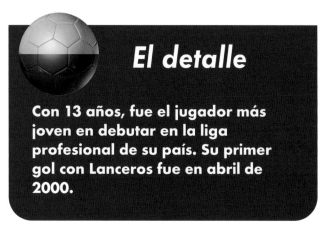

El detalle

Con 13 años, fue el jugador más joven en debutar en la liga profesional de su país. Su primer gol con Lanceros fue en abril de 2000.

concretar goles, esa destreza que tanto admiraba de su ídolo brasilero, el implacable goleador Ronaldo.

Buscando un destino

Antes de debutar en su país, cuando tenía 11 años, el equipo holandés Ajax lo tentó para formar parte de sus divisiones inferiores, aunque sus padres no quisieron que viajara solo a Europa. Además, su padre le había inculcado desde jovencito que para llegar a tener un nombre en el fútbol debía jugar en los clubes argentinos.

En Colombia ya se hablaba de aquél chico de 14 años que se entrenaba con la primera división del equipo del cual es aficionado: Millonarios de Bogotá. Y para entonces, Silvano Espíndola le consigue una prueba en el club River Plate de Argentina. Y hacia allí partió, dejando atrás a su familia en pos de un sueño que estaba a punto de hacerse realidad.

Antes de firmar un contrato con River Plate, Falcao había empezado a estudiar periodismo en una universidad de Buenos Aires.

Capítulo 3

River Plate

La conquista de Argentina

PARA FALCAO, EL SUEÑO DE SER FUTBOLISTA profesional a los 15 años ya tomaba forma. Pero el camino a la cima fue más que difícil. La distancia con la familia, un par de lesiones graves, y los éxitos y fracasos del equipo, lo hicieron crecer de golpe. En momentos de sufrimiento abrazó la fe, y gracias a ella salió adelante.

Corría el año 2001 y Falcao llegó a la Argentina, y comenzó a formar parte de las divisiones inferiores del prestigioso club River Plate, (al que se lo conoce popularmente como el "Millonario"). Vivía junto a otros compañeros en el pensionado de la institución, mientras completaba los estudios secundarios en la escuela que funciona dentro del mismo club.

Por aquellas épocas del pensionado, fue cuando el futbolista Gonzalo

Ludueña comenzó a apodarlo "Tigre". La vida para esos chicos era bastante dura. Tenían que compartir cuarto con otros colegas que no conocían, respetar los horarios de la comidas, llegar antes de las 20hs y acostarse antes de la medianoche. Aunque hablaba a diario con su familia, Falcao era un adolescente que extrañaba su propia vida, la que tenía antes de partir; con frecuencia se quebraba por dentro, pero disimulaba su tristeza para no

Falcao anota para River Plate.

preocupar a su familia.

Pero el dolor, la tristeza, no fueron obstáculos para su progreso deportivo, porque comenzaba a marcar goles con mayor frecuencia en las divisiones menores del equipo.

El paso de la octava a la tercera división del club, sucedió en un tiempo breve. Leonardo Astrada, el director técnico de River Plate, vio sus condiciones y comenzó a hacerlo entrenar con el equipo profesional. Fue así como el 6 de marzo de 2005, en el Campeonato Clausura, Falcao debutó en primera, enfrentando a Instituto de Córdoba en el Estadio Monumental. Fueron sólo 4 minutos y sintió que tocaba el cielo con las manos. Durante el mismo torneo jugó contra Racing y Arsenal, y fue titular contra Gimnasia de La Plata. Su talento se iba vislumbrando... Pero lo

mejor estaba por venir.

Sin miedos

Cuando el técnico Leonardo Astrada dejó el cargo, en su reemplazo asumió Reinaldo "Mostaza" Merlo. River Plate venía mal, y jugaba contra Independiente por el torneo Apertura.

Una mañana, el director técnico le dijo a Falcao que lo llevaría al banco de suplentes y le preguntó si se animaba a jugar los últimos 20 minutos. Él le contestó: "Si tuviera miedo no estaría acá. Esperé toda mi vida este momento". Ahí "Mostaza" lo miró fijo, y replicó: "No vas al banco, vas a ser titular". Y no se equivocó en la apuesta: ese 2 de octubre Falcao hizo 2 de los 3 goles con los que River ganó el partido. Esa tarde, mostró al fútbol argentino su técnica, su habilidad, su

La familia y la religión son fundamentales para este colombiano sencillo y de perfil bajo. Durante su prolongada inactividad cuando estuvo lesionado, Falcao encontró consuelo en la Iglesia Evangélica. "Saqué fuerzas de Dios para recuperarme y seguir jugando al fútbol", explicó alguna vez. En esta iglesia, además, conoció a su actual esposa, la argentina Lorelei Tarón, con quién se casó en el año 2007. El devoto jugador formó parte de Locos por Jesús, una ramificación de Los Atletas de Cristo, que es un club evangélico que enlaza la pasión por el fútbol con la difusión de sus creencias religiosas. Durante su época riverplatense convocaba a más de 80 compañeros, de primera e inferiores, a las reuniones espirituales que organizaba.

El "Tigre" sintetizó así su camino hacia la fe: "Creo en Jesucristo, es mi salvador, y trato de seguir el estilo de vida que él llevó en la Tierra. Es mi inspiración, no sólo en el fútbol, sino en mi vida personal. Por ahí nos equivocamos al pensar que el fútbol te da la paz y la alegría de la vida. Cuando uno llega al fútbol profesional se siente cierto vacío, y en mi caso, lo llena Dios". Aliado de la fe, Falcao sigue recorriendo su camino a la gloria.

velocidad, su valentía y su impecable definición. Una buena carta de presentación para esa promesa juvenil que, con 7 goles en 7 partidos, comenzaba a convertirse en un delantero muy eficaz.

Falcao habló sobre su momento con el diario deportivo argentino Olé: "Venía de cuatro años solo, de luchar y ver a mi familia una o dos veces al año. Perdí muchas cosas de mi adolescencia; pero sacrifiqué todo para vivir este sueño".

Contra los obstáculos

Mientras corría el 2006, todo se conjugaba para que sea su momento de brillar; pero una distensión primero, y luego una rotura de ligamentos de su rodilla derecha, lo marginaron de la competencia durante gran parte de ese año. Un golpe muy duro para alguien que había luchado tanto por su lugar.

Una enorme fuerza de voluntad le permitió volver a jugar, aunque lejos de su mejor nivel. Daniel Passarella conducía entonces la división profesional de River, y lo comparaba con el genial ex futbolista y goleador holandés Marco Van Basten. Durante aquél Torneo Apertura 2006, Falcao jugó 12 partidos pero convirtió un solo gol, contra Rosario Central.

Ya en 2007, durante el primer semestre, jugó 8 partidos y marcó 2 goles. La última mitad de aquél año terminó marcando 5 goles en 11 encuentros por el campeonato local, y 4 en 5 partidos jugados por Copa Sudamericana, incluyendo un triplete que sirvió para eliminar a Botafogo de Brasil, en un partido memorable.

Gloria "Millonaria"

En 2008, Falcao vivió su momento más glorioso en River Plate: hizo 4 goles en 7 partidos de la Copa libertadores y fue campeón del Torneo Clausura bajo la dirección técnica de Diego "Cholo" Simeone, cuando jugó 16 partidos y marcó 6 goles. La otra cara de la moneda la sufrió en el Torneo Apertura de 2008, cuando River Plate salió último en la tabla de posiciones, por primera vez en su historia. De nada sirvieron sus 5 goles en 14 partidos.

2009 fue su último año en River Plate: con Néstor Gorosito cómo director técnico, durante el Torneo Clausura jugó 17 partidos y anotó 7 tantos. Por Copa Libertadores hizo 2 en 4 partidos.

Falcao se despedía así de River Plate, devolviéndole lo mejor de sí al club que lo formó. A partir de ese momento, sus goles se trasladaron hacia el Viejo Continente.

Por los colores de Colombia

CORRÍA EL AÑO 2005, Y FALCAO TENÍA la oportunidad de demostrar, nuevamente, su talento ante sus compatriotas. Había pasado casi un lustro desde su debut en la liga profesional colombiana; y quizás porque creció profesionalmente lejos de su tierra, eran aún mayores las expectativas puestas en él. No defraudó. Defendió los colores de su selección con un gran orgullo.

La XXII edición del Campeonato Sudamericano Sub-20 se jugó en Colombia, entre enero y febrero de 2005. El prestigioso torneo otorgaba 4 plazas a la Copa Mundial de Fútbol Sub-20, a disputarse a mediados de ese año en Holanda.

Radamel Falcao García por entonces estaba instalado en Argentina, y se desempeñaba notablemente en la Reserva del club River Plate. Pero brotaron lágrimas por su rostro el día que recibió la convocatoria para integrarse a la Selección Colombia, que disputaría el torneo Sudamericano. El entrenador de aquel conjunto, Eduardo Lara, confiaba enormemente en las aptitudes del delantero samario, que había deslumbrado al país con su aparición a los 13 años.

La competición se disputó en las ciudades de Manizales, Armenia y Pereyra. Colombia compartió grupo con Argentina, Bolivia, Perú y

Falcao celebra un gol contra la Argentina con su compañero de equipo, Cristian Marrugo (izquierda), durante el Campeonato Sudamericano Sub-20, en Manizales, el 21 de enero de 2005.

Venezuela. Ironía del destino, en el campo de juego se enfrentaron la tierra natal de sus amores contra la patria en la que empezó a tejer su futuro: en esta fase, Falcao marcó el tanto del empate a uno contra Argentina.

Argentina, Brasil, Uruguay, Chile, Colombia y Venezuela disputarían la fase final del torneo. La Selección Colombia fue la ganadora de la 22° edición del Campeonato Sudamericano; y en el equipo brillaron también otras figuras actuales como Hugo Rodallega y Abel Aguilar, entre otros.

Con el objetivo cumplido, el "Tigre" se ilusionaba con el Mundial, que lo esperaba en Holanda.

De Holanda, para el mundo

Australia, Japón, China, Benín, Panamá, Ucrania, Chile, Honduras, Turquía, España, Argentina, Marruecos, Egipto, Estados Unidos, Alemania, Canadá, Estados Unidos, Colombia, Siria, Brasil, Italia, Nigeria, Suiza, Corea del Sur, y el anfitrión, Holanda, animaron la Copa Mundial de Fútbol Sub-20.

El detalle

Durante la Copa América 2011 disputada en Argentina, Falcao marcó su primer doblete con la selección. Fue contra Bolivia. Victoria de 2 a 0.

Colombia compartió el Grupo E junto a Siria, Italia y Canadá. La Selección Cafetera, como se la conoce popularmente, fue la gran sensación en aquella primera etapa, en la que ganó los 3 partidos que jugó, marcando 6 goles y manteniendo su valla invicta. Falcao fue determinante para estos resultados, ya que ingresó desde el banco de suplentes, y aportó 2 tantos fundamentales: primero contra Canadá, y luego versus Siria.

Colombia jugó los octavos de final, y perdió con Argentina, (que fue el campeón del torneo de la mano de un brillante e inspirado Lionel Messi). Esta selección recibió el Premio Fair Play por su conducta durante el torneo, y Falcao compartió el podio de goleador colombiano junto a su amigo y compañero Freddy Guarín: habían marcado 2 tantos cada uno.

En Holanda, el jugador expuso sus cualidades ante el mundo y demostró que iniciaría un largo romance con la Selección Colombia.

Rumbo a Brasil 2014

Ya consagrado en las ligas juveniles, al jugador le llegó la convocatoria para formar parte de la selección de su país a partir de 2007. Debutó contra Uruguay en un partido amistoso, y marcó su primer gol ante la Selección de Montenegro, en Japón, durante la disputa de la Copa Kirin.

Desde 2007 hasta el presente, bajo las órdenes de Jorge Luis Pinto, Eduardo Lara, Hernán "Bolillo" Gómez y Leonel Álvarez, Radamel Falcao García ha sido llamado en más de una oportunidad para defender los colores de su selección. Ya sea en amistosos, partidos de eliminatorias y Copa América, el "Tigre" marcó una decena de goles y se ganó el corazón de los fanáticos colombianos a fuerza de sus

El nuevo entrenador de la Selección Colombia es el argentino José Pekerman, quien fue elogiado por Falcao, porque ya lo conocía de su paso por aquel país. En Radio Caracol declaró: "Es ganador con Argentina en mundiales juveniles. También conoce nuestro fútbol porque vivió en Colombia. La mayoría de los jugadores nos conocemos y tenemos una muy buena relación. Debemos continuar unidos, y colaborar y cobijar a Pekerman para que nos vaya bien". Pekerman, por su parte, ve en Falcao al líder natural de la selección, y piensa diagramar su estrategia de juego en torno a sus enormes potencialidades.

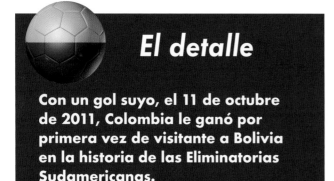

excelentes cualidades futbolísticas y su personalidad. Su espíritu nómade, adaptable a cualquier entorno, además de su humildad, su buena educación y su garra, son sus marcas distintivas adentro y afuera de la cancha.

El sentimiento es recíproco. En un medio de su país, Falcao declaró: "Ser parte de la Selección Colombia no es sólo un orgullo, sino también una gran responsabilidad. Todos los que nos ponemos esta camiseta representamos a 45 millones de colombianos, que unidos trabajamos por un mismo sueño: jugar la Copa del Mundo de Fútbol de Brasil 2014".

Tamaño compromiso, es otro incentivo para que siga dejando bien parado al famoso fútbol de su país, en todo el mundo.

Falcao celebra su gol contra Bolivia en el clasificatorio para el Mundial de 2014 en La Paz, 11 de octubre de 2011.

Atlético Madrid pagó a Porto FC una transferencia récord—40 millones de euros—para sumar a Falcao al equipo, en agosto de 2011.

Atlético Madrid

Pasaje a la gloria

EN 2011, RADAMEL FALCAO GARCÍA SE convirtió en el jugador colombiano por el que más dinero pagó un club; fue la mejor venta en la historia de la Primera División de Portugal, y el jugador por el cual más dinero desembolsó el Atlético Madrid. En sólo 6 meses, la estrella justificó tamaña inversión. Ya está entre los mejores del mundo.

Falcao llegó a España, y abrió su corazón a quien quisiera escucharlo: "Vengo al Atlético de Madrid para escribir una linda historia". Ya consagrado como una de las mayores estrellas del fútbol colombiano de la actualidad, en julio de 2011 mudó sus goles de Portugal a España. A cambio de 40 millones de euros, pasó a engrosar por 5 temporadas las filas del Atlético Madrid.

Precedido por excelentes pergaminos y antecedentes, el día de la presentación en el Estadio Vicente Calderón convocó a 10 mil fanáticos del equipo rojiblanco. Lo recibieron con toda euforia e ilusión, bajo el calor agobiante del agosto madrileño. En esa misma jornada, Paulo Futre (ex jugador e ídolo del Atlético Madrid, que también llegó a la institución proveniente del Porto FC), afirmó: "Falcao es un jugador increíble. Aparte de sus goles, va a ser muy útil e importante para el equipo por su espíritu de lucha y su carácter".

El detalle

En Atlético Madrid, anotó 2 tripletes. El primero lo sufrió Racing de Santander y el segundo, la Real Sociedad.

En un tiempo corto, Falcao comenzó a ganarse el reconocimiento y respeto de los fanáticos del "Colchonero", (como se lo conoce popularmente al equipo madrileño) y a grabar su nombre con goles en la Liga de las Estrellas. Desde su debut, en menos de 6 meses, marcó nada menos que 17 tantos. Lo que demuestra que los réditos superan el esfuerzo económico que demandó su fichaje.

En la Liga de las Estrellas

En la selva del fútbol, el área es el ambiente donde mejor se desenvuelve este "Tigre", y sabe ir a la caza del gol. El colombiano hizo 17 anotaciones en la primera rueda de la Liga Española; y esos goles en 26 partidos, le bastaron para transformarse en una de las sensaciones del campeonato.

En una entrevista concedida a la web de la Liga Española, Hugo Sánchez, ex futbolista e histórico goleador mexicano que triunfó en España, expresó una opinión, que se transformó en una suerte de profecía: "Falcao tiene un carácter fuerte que le permite no achicarse, sabe rematar de todas las formas, y es capaz de crearse sus propias oportunidades. Tiene todo para triunfar en el Atlético de Madrid".

Su debut en la institución española se dio el 10 de septiembre de 2011; y no fue como lo soñaba, ya que su equipo cayó derrotado por 1 a 0 con el Valencia. Pero 5 días después, en la Copa UEFA, Falcao convirtió su primer gol con la casaca rojiblanca en el Estadio Vicente Calderón. La víctima fue el Celtic Football Club. A los pocos días, jugando nuevamente por Liga Española se despachó con su primer triplete de goles enfrentando al Racing de Santander.

Para culminar un septiembre de ensueño, Falcao le había señalado un doblete al Sporting Gijón y llegaba a los

A principios de año, en Madrid, en el marco de la 32º edición de la Feria de Turismo de España (Fitur), Falcao fue nombrado Embajador de Turismo de Colombia.

Designado por el Ministro de Comercio, Industria y Turismo, Sergio Díaz Granados, fue parte importante de la promoción que hizo Colombia de sus destinos turísticos en el marco de Fitur. Todos los presentes pudieron disfrutar de la simpatía del futbolista samario, quien participó en el stand colombiano firmando camisetas y balones.

Falcao en acción por el Atlético Madrid, durante la temporada 2011-12.

200 partidos jugados como profesional.

Pasión por el gol

El colombiano se encaminaba a culminar un gran 2011, pero una lesión lo dejó fuera de las canchas por un mes. Esta dificultad le impidió jugar el derby ante el Real Madrid, (y además, se perdió un par de partidos por las eliminatorias para su selección). El retorno a las canchas fue contra el Rayo Vallecano, donde aportó 1 gol y una asistencia que sirvieron para que su equipo triunfe por 3 a 1.

Días después, el 22 de diciembre, jugó su primer partido de Copa del Rey ante el Albacete Balompié, un equipo que actúa en la Segunda División B. Además de perder y quedar eliminado, el Atlético de Madrid rescindió el contrato del director técnico Gregorio Manzano.

El sucesor en el cargo sería un viejo conocido de Falcao: Diego "Cholo" Simeone, quien lo había dirigido en Argentina, cuando ambos militaban en River Plate. Simeone, un referente para el colombiano, es uno de los DT que mejor ha potenciado todas sus cualidades.

En una entrevista concedida a La Gazzetta dello Sport, contó su admiración por Simeone: "Me enseñó a vivir el fútbol

Falcao posa con el Atlético Madrid en un partido de La Liga, contra el Espanyol, en el Estadi Cornella en Barcelona, el 11 de diciembre de 2011.

De los 138 goles que hizo en su carrera profesional, 39 de ellos fueron de cabeza y 25 con la pierna izquierda.

como la vida. Estuvimos poco tiempo juntos pero influenció en mi modo de entender el fútbol, viviéndolo con esfuerzo, ejerciendo de profesional las 24 horas del día". A su vez, en el diario deportivo español Marca, Simeone expresó: "Falcao es un jugador extraordinario. Tiene un poder ofensivo tremendo y una agresividad en los movimientos que le dan dotes de jugador desequilibrante".

Y la dinámica y el feedback entre jugador y entrenador dio frutos muy concretos: desde la llegada del "Cholo" Simeone al Atlético Madrid, Falcao se despachó en 3 partidos con 2 goles (para la victoria de 3 a 0 sobre el Villarreal FC), y luego, con un hat trick en el triunfo por 4 a 0 a la Real Sociedad, en San Sebastián.

Gracias a su fe inalterable y su capacidad goleadora, en sus pocos meses en España, Radamel Falcao García empezó a escribir otra página dorada en su brillante y ascendente carrera.

Esta es la historia de niño soñador que asomó desde su Santa Marta natal, por las humildes canchas de vecindarios como Pescaíto, Tucurinca y Mamatoco, y en las playas de Taganga y El Rodadero. Hoy, en el mundo entero, hay miles de niños y jóvenes que sueñan ser cómo él.

El detalle

En casi 25 partidos jugados en media temporada 2011-2012, entre Liga y UEFA Europe League, el "Tigre" anotó nada menos que 17 goles.

GLOSARIO

Árbitro—Es el juez encargado de que se cumplan las reglas del juego, y quien dirime los conflictos.

Arquero—Guardameta, portero del equipo.

Artillero—Goleador, delantero del equipo.

Asistencia—Pase de gol. Cuando un jugador le pasa la pelota a otro, y termina con gol del segundo.

Brazalete—Cinta ancha que rodea el brazo por encima del codo y se usa como distintivo. Lo lleva el capitán del equipo para identificarse como tal.

Cabecear—Rematar el balón con la cabeza.

Caño—Jugada que consiste en pasar la pelota entre las piernas de otro jugador, con el objetivo de dar un pase a otro compañero.

Capitán—Jugador que representa al equipo ante árbitros, entrenadores o equipo directivo, y se encarga de negociar todo lo concerniente a su grupo. Cada equipo suele tener 3 capitanes.

Concretar—Marcar un tanto.

Copa Kirin—Es un torneo anual de fútbol organizado en Japón.

Copa UEFA—Es el torneo internacional más antiguo de Europa, también llamado UEFA Europa League; el segundo en importancia, luego de la Champions League.

Champions League—También conocida como Liga de Campeones, es el torneo internacional de fútbol más importante de Europa.

Derby—O derbi. Se aplica a todo encuentro futbolístico entre dos equipos cuyos seguidores o clubes mantienen una permanente rivalidad.

Desasistido—Definición que suele utilizarse cuando un delantero no recibe asistencia de sus compañeros para hacer una jugada, para hacer o recibir pases.

GLOSARIO

Desequilibrar—Expresión que se usa para señalar que un jugador supera a otro rival, desbordándolo.

Juego aéreo—Forma de jugar en la que abundan los pases altos.

Liga de las Estrellas—Es como llama la prensa a la Primer División en España, ya que están jugando allí muchos de los mejores jugadores del mundo.

Triplete—También llamado hat trick, una expresión que se aplica cuando un jugador hace 3 goles en un solo partido.

Velocidad—Capacidad de moverse con rapidez y desmarcarse de los defensores. Los jugadores más rápidos suelen ocupar puestos de ataque.

Volante—Jugador (generalmente, centrocampista) que juega como un volante de carro: va hacia al frente y hacia los laterales después de cruzar la media cancha contraria, ya sea por la banda derecha o izquierda.

BIBLIOGRAFÍA

Ricardo Rodríguez Vives. "A Falcao le faltó tiempo para ser niño". Entrevista con Denis (abuela del jugador). Diario El Heraldo, Colombia. (Mayo de 2011).

Franca Pazos. "Los goles de Falcao". Perfil y entrevista. Revista Don Juan, Colombia. No. 15 (Noviembre de 2007).

Diego Borinsky. "Todo esto me da mucho orgullo, soy un afortunado". Entrevista. Revista El Gráfico, Argentina. (Julio de 2011).

Juanita Samper Ospina. "Falcao García, un astro con los pies sobre la tierra". Entrevista exclusiva. Diario El Tiempo, España. (Mayo de 2011).

Juan Pablo Castiblanco. "Falcao, el artillero de la Selección". Entrevista, perfil, sesión de fotos y making off en vídeo. Revista Shock, Colombia, (Julio de 2011).

RECURSOS de INTERNET

http://www.falcao.com.co/

Página oficial del jugador, con su biografía, fotos y vídeos. Publica sus estadísticas y sus goles, con todo detalle.

http://www.colchonero.com/

Es una web de aficionados del Atlético de Madrid, en la cual se pueden encontrar reportajes en vídeo a Falcao, además de novedades del club, fotos, información de los partidos.

http://www.falcaofan.com/

Es una web mantenida por los fanáticos del jugador, en la que se pueden encontrar entrevistas en vídeo, muchísimas fotos y todas sus novedades.

www.lfp.es

Es la Liga del Futbol Profesional de España. Se puede leer en inglés y en español, y trae toda la información de los próximos torneos, la historia de la liga, y los resultados de los partidos.

http://www.colfutbol.org/

Es la web oficial de la Federación Colombiana de Fútbol. Hay información sobre fútbol masculino y femenino, torneos locales e internacionales, y también sobre fútbol sala y de playa.